I0082390

LIDERAZGO

Adopta habilidades efectivas como influenciar,
comunicar y tomar decisiones

(Mejore sus habilidades de comunicación y
gestione eficazmente el equipo)

Eliel Pina

Publicado Por Daniel Heath

© **Eliel Pina**

Todos los derechos reservados

*Liderazgo: Adopta habilidades efectivas como influenciar,
comunicar y tomar decisiones (Mejore sus habilidades de
comunicación y gestione eficazmente el equipo)*

ISBN 978-1-989853-59-7

Este documento está orientado a proporcionar información exacta y confiable con respecto al tema y asunto que trata. La publicación se vende con la idea de que el editor no esté obligado a prestar contabilidad, permitida oficialmente, u otros servicios cualificados. Si se necesita asesoramiento, legal o profesional, debería solicitar a una persona con experiencia en la profesión.

Desde una Declaración de Principios aceptada y aprobada tanto por un comité de la American Bar Association (el Colegio de Abogados de Estados Unidos) como por un comité de editores y asociaciones.

No se permite la reproducción, duplicado o transmisión de cualquier parte de este documento en cualquier medio electrónico o formato impreso. Se prohíbe de forma estricta la grabación de esta publicación así como tampoco se permite cualquier almacenamiento de este documento sin permiso escrito del editor. Todos los derechos reservados.

Se establece que la información que contiene este documento es veraz y coherente, ya que cualquier responsabilidad, en términos de falta de atención o de otro tipo, por el uso o abuso de cualquier política, proceso o dirección contenida en este documento será responsabilidad exclusiva y absoluta del lector receptor. Bajo ninguna circunstancia se hará responsable o culpable de forma legal al editor por cualquier reparación, daños o pérdida monetaria debido a la información aquí contenida, ya sea de forma directa o indirectamente.

Los respectivos autores son propietarios de todos los derechos de autor que no están en posesión del editor.

La información aquí contenida se ofrece únicamente con fines informativos y, como tal, es universal. La presentación de la información se realiza sin contrato ni ningún tipo de garantía.

Las marcas registradas utilizadas son sin ningún tipo de consentimiento y la publicación de la marca registrada es sin el permiso o respaldo del propietario de esta. Todas las marcas registradas y demás marcas incluidas en este libro son solo para fines de aclaración y son propiedad de los mismos propietarios, no están afiliadas a este documento.

TABLA DE CONTENIDO

Parte 1

Introducción

Quiero agradecerte y felicitarte por descargar este libro.

Este libro contiene pasos y estrategias comprobados sobre cómo convertirte en un mejor líder de lo que eres ahora, y al mismo tiempo, volverte una mejor persona en general.

En este libro, aprenderás acerca de las 10 habilidades principales que necesitas perfeccionar si deseas convertirte en un gran líder, tanto en tu área de trabajo como en tu vida personal. No te subestimes a ti mismo, tienes el potencial de volverte la clase de líder con quien las personas tendrán el honor de trabajar. Tú puedes ser el tipo de persona que inspire a otros a dar su mejor esfuerzo, y en el proceso, también puedes hacer que ellos mismos deseen ser mejores.

Al final de este libro, aprenderás acerca de las habilidades en las que debes trabajar (así es, ya tienes las herramientas dentro de ti) y cómo puedes usarlas para tu beneficio.

Gracias de nuevo por descargar este libro, ¡espero que lo disfrutes!

Capítulo 1 – Aprende a Comunicarte Apropiadamente

¿Alguna vez has tenido que lidiar con un supervisor que siempre parece darte problemas, aunque no tienes idea de lo que está pensado? Un verdadero líder no es alguien que siempre les dice a sus subordinados que paren de perder el tiempo y se esfuercen, pero queen realidad no comunica lo que quiere que suceda. Si deseas ser un verdadero líder, entiende que las demás personas no pueden leer tu mente, tú debes hablarles de tus pensamientos, y cómo crees que deberían manejar ciertas tareas; en otras palabras, necesitas comunicarte mejor.

Los verdaderos líderes tienen un cierto nivel de dominio sobre todas las formas de comunicación. Están bien versados en conversaciones individuales, reuniones de departamentos, acuerdos en equipo, y también en formato escrito (mensajes de texto, email, y publicaciones de redes sociales). Sin embargo, la mayoría de las personas confunden ser un buen comunicador con tener un vasto vocabulario. Sí, puedes ser elocuente, pero eso no necesariamente significa que otras personas "entiendan" lo que estás diciendo.

Si no eres muy bueno es cuanto a compartir tus pensamientos, estos consejos te ayudarán a mejorar tus habilidades de comunicación:

Sé un buen oyente –La comunicación es un camino en dos direcciones, no es solo una oportunidad para hablar, también necesitas tener en consideración los pensamientos de la otra persona. Cuando la otra persona esté hablando, escucha atentamente e intenta absorber tanta información como puedas. Una bonificación adicional de ser un buen oyente es que la mayoría de las personas muy probablemente deseen corresponder el acto cuando sea tu turno de hablar.

Espera a que sea tu turno de hablar – Nunca, jamás interrumpas a otra persona cuando esté hablando. Eso solo te hará parecer agresivo. Para asegurarte de que tu voz sea escuchada, debes esperar a que haya un lapso en la conversación antes de empezar a hablar. Incluso cuando hables con un grupo, como en una reunión, deberías esperar una pausa antes de intervenir. Cuando te acostumbres a esperar por la oportunidad para hablar, también podrás asegurarte de tener la atención de todo el grupo.

Mantén tus respuestas cortas, pero concisas — si tardas mucho tiempo en llegar al punto de tu argumento, hará parecer que te encanta el sonido de tu propia voz. Al responder preguntas en un grupo, necesitas mantener tus respuestas cortas y simples. Esto les mostrará a las demás personas que valoras su tiempo. Respuestas cortas y concisas pueden transmitir tu mensaje más efectivamente; las respuestas largas aburrirán y frustrarán a tus oyentes.

No seas la persona que siempre tiene que comentar acerca de todo — si deseas que las demás personas te respeten, no solo hagas comentarios por el simple hecho de hacerlos. Es mucho más fácil ignorar a las personas que realizan comentarios espontáneos, pero si una persona que normalmente no habla, de repente alza su voz, y tiene algo profundo que decir, logrará captar la atención del grupo.

Valida, y luego comparte tus propios pensamientos – escuchar a alguien hablar no es suficiente. Si deseas ser un buen líder, necesitas demostrarle a tu equipo que en verdad entendiste su propuesta y en verdad los valoras. Para lograr eso, debes repetir la idea de la persona a fin de validarla y luego agregar tu propia perspectiva a la discusión. Los demás estarán más abiertos a tus propias ideas cuando saben que también brindas honor a sus pensamientos.

Volverte un buen comunicador será el primer paso para volverte un buen líder. Ahora que ya tienes tu pie en la puerta, debes aprender acerca de las demás habilidades que necesitas para volverte el tipo de líder que siempre has querido ser.

Capítulo 2 – Aprende Cómo Motivar a Otros

Si tu equipo trabaja duro porque temen que te enojarás si no lo hacen, entonces no eres un buen líder. Un buen líder motiva a otras personas a trabajar duro porque temen más que tú te decepciones de ellos, de forma similar a como los niños intentan probarse a sí mismos ante sus padres. Motiva a tu equipo a convertirse en alguien que tanto tú como ellos puedan estar orgullosos de ser.

Los empleados motivados son más productivos, lo cual hará que sea más fácil que alcances tus metas más rápidamente y con resultados más consistentes. Si eres un buen líder y puedes motivar a las personas que trabajan bajo tu supervisión, te volverás un miembro valioso de la organización, lo cual también te motivará a ti a desempeñarte mejor, es un largo ciclo de creciente positividad.

A fin de ayudarte a iniciar, estos son algunos consejos que podrán convertirte en un líder carismático y motivacional:

Págales a los miembros de tu equipo por lo que valen – no es justo que asumas que tu equipo permanecerá en tu empresa solo porque les agradas como persona, aún debes pagarles lo que les corresponde. Las estadísticas muestran que las personas abandonarían sus actuales posiciones si se les ofreciera incluso un 5% de aumento en sus salarios actuales, así que no te arriesgues a perder a valiosos miembros de equipo solo porque no les pagas lo suficiente.

Ofrece oportunidades para el desarrollo – nadie desea estar estancado en un trabajo sin futuro, por lo cual debes decirle a tu equipo que existe una posibilidad definitiva de que aumenten de rango en la jerarquía de la compañía con el tiempo. Sin embargo, no deberías solo arrojar promesas vacías, debes cumplir con tu palabra y en verdad ayudar a los miembros de tu equipo a alcanzar el éxito en sus carreras. Por ejemplo, puedes ofrecer entrenamientos de habilidades adicionales que aumenten su valor como empleados, y convertirlos en personas que puedan depender de sí mismos, incluso cuando abandonen su posición actual.

Pídeles una propuesta, y en verdad impleméntala si es buena – una de las principales razones por las cuales la mayoría de los empleados no se sienten motivados para hacer sus trabajos es porque sienten que solo son una parte insignificante de la organización, y es tu trabajo como líder de equipo eliminar esa noción de sus mentes. Necesitas animar a tu equipo a participar en discusiones, pregúntales acerca de sus ideas sobre cómo la compañía podría desempeñarse mejor. Si tu equipo en verdad te ofrece grandes ideas, implementa sus soluciones, y luego recompénsalos por todo su arduo trabajo. Esto los motivará más a trabajar duro y a buscar más maneras en las cuales ayudar a la compañía a crecer.

No castigues el fracaso —nada bueno se obtiene jamás del uso del refuerzo negativo. Si castigas o humillas a tu equipo porque algo no les salió bien, estarás promoviendo la animosidad entre tú y ellos. En lugar de tratar a los errores honestos como fracasos, míralos como oportunidades de aprendizaje. En vez de regañarlos, muéstrales cómo lidias tú con el asunto y corrige el error, o al menos impide que se vuelva peor. Cuando alguno de los miembros de tu equipo cometa un error, muéstrales cómo realizar la tarea apropiadamente, y luego pídeles que lo vuelvan a intentar.

Establece objetivos claros – una de las cosas más frustrantes de ser un empleado es no saber siquiera por qué debes trabajar tan duro. Si solo das una tarea a un miembro del equipo sin decirle para qué se usará, lo harás sentir que no está cumpliendo un rol significativo en la compañía. Al destinar tareas a tu equipo, cuéntales cómo su contribución ayudará a obtener un objetivo mayor. Realizar este simple acto le dará al equipo un sentido de propósito, y también un sentido de responsabilidad, lo que los hará querer trabajar más duro porque saben que sus roles son importantes.

Motivar e inspirar a los miembros del equipo es una de las tareas más importantes de un buen líder. Tu rol como líder no es solo hacer que tu equipo trabaje duro, necesitas hacerlos "querer" realizar sus trabajos de un modo mejor, ellos necesitan estar motivados a fin de trabajar para ti, no solo porque desean que se les pague, sino porque también desean que tú reconozcas sus logros.

Capítulo 3 – Aprende Cuándo y Cómo Delegar Tareas

Muchas personas creen erróneamente que los grandes líderes se encargan de la mayoría de las tareas de un equipo, lo cual en realidad no es el caso. En principio, encargarse de demasiados trabajos solo logrará hacer que el líder sea menos productivo y hasta podría tener que esforzarse demasiado para conseguir terminar algo. Otro problema con este arreglo es que hace parecer que el líder en realidad no confía en el equipo para realizar las respectivas tareas, lo cual producirá todo tipo de emociones negativas.

Un buen líder sabe cómo identificar las fortalezas de cada uno de los miembros del equipo, y les asigna tareas que se correspondan con sus habilidades. Al delegar tareas al equipo, serás libre de enfocarte en las que en verdad requieren la mayor parte de tu atención.

Si tienes problemas al delegar tareas, o no tienes ni idea de cómo hacerlo, considera los siguientes consejos:

No esperes perfección – No solo es imposible apuntar a resultados perfectos, también minará cualquier tipo de motivación que el equipo tenga. Recuerda que tu objetivo al delegar es alcanzar tus metas eficientemente, tu objetivo no es crear una obra maestra. Necesitas establecer un estándar razonable de calidad y una cantidad decente de tiempo para que tu equipo finalice sus tareas. Cuéntale de tus expectativas a tu equipo, y luego permite que decidan cómo harán sus trabajos.

Bríndale amplias instrucciones a tu equipo – Al delegar tareas, también debes asegurarte de brindarles a los miembros de tu equipo toda la información que necesitan para realizarlas apropiadamente; no des instrucciones vagas y asumas que ellos ya saben a lo que te refieres. Antes de dejarlos hacer sus trabajos, confirma que ellos entienden lo que tú deseas que hagan, y que ellos entienden y aceptan tus condiciones.

Revisa su progreso de vez en cuando –No

hay nada malo en acercase al equipo y solicitar una puesta al día sobre sus tareas, pero debes hacerlo esporádicamente, no estés mirando sobre sus hombros todo el tiempo. La razón por la cual delegas es para poder enfocarte en otras tareas. Así que evita importunarlos mientras trabajan. Confía en tu equipo – Una vez que delegas tareas a tu equipo, confía en que podrán realizarlas en sus propios términos. Dale a tu equipo la libertad de abordar sus tareas de la manera que crean mejor. Sin embargo, deberías revisar su progreso de vez en cuando, a fin de aconsejar y ayudar cuando tu equipo esté teniendo problemas.

Aprende a dejar ir –Deberías dejar de creer que eres la única persona que puede hacer bien el trabajo. Solo porque los miembros de tu equipo hagan las cosas de manera diferente no significa que no puedan hacer el trabajo bien. Una vez que les cuentas tus expectativas y los estándares que tu equipo debería seguir a fin de alcanzar tus objetivos, los métodos utilizados no deberían ser un problema.

Podría sorprenderte que tu equipo en realidad sepa cómo abordar la tarea de un modo mucho más eficiente.

Delegar no es una forma de debilidad, y no significa que estés rehuyendo de las tareas que no deseas realizar. Cada vez que asignas tareas a tu equipo, significa que confías en ellos para hacer un buen trabajo, y que los consideras una parte importante de la organización.

Capítulo 4 – Aprende a Mantenerte Positivo

¿Alguna vez has estado en un equipo en el que el líder siempre se queja de que el mundo parece estar en contra de él? ¿Alguna vez has conocido a alguien que culpa a otras personas por cada desgracia, y jamás parece responsabilizarse por sus propios errores? Esa clase de personas no son aptas para liderar a otras, de hecho, ellos no deberían pertenecer a ningún equipo porque simplemente desalentarán a todos. A fin de ser un buen líder, alguien a quien las personas querrían seguir hasta el fin del mundo, debes tener una actitud positiva, incluso cuando las cosas se ponen difíciles.

Una actitud positiva puede ser de gran beneficio en un ambiente de oficina. Necesitas aprender a reírte de ti mismo cuando tus planes no resultan de la manera que esperabas. Tener un líder positivo crea un ambiente de trabajo feliz y saludable, incluso cuando la compañía está sufriendo financieramente. Si eres un líder, puedes hacer tu pequeña parte para promover el positivismo en el lugar de trabajo. Cosas como:

Pregunta a los miembros de tu equipo sobre sus planes para las vacaciones, e incluso sugerir algunas actividades que te resultan interesantes para que ellos las prueben.

Practica la actitud de la gratitud. Cada vez que alguien termina una tarea, muéstrale tu aprecio de cualquier manera que puedas.

Saluda a quien se te presente con una sonrisa y un cálido apretón de manos o un golpecito en el hombro. Gestos simples como estos, en especial si provienen de una persona a quien respetan, son suficientes para alentar a cualquier empleado.

Aprende a apreciar incluso los pequeños triunfos. Felicita a tu equipo por incluso el más pequeño éxito que hayan alcanzado hasta ahora. Por ejemplo, si tu equipo logra aumentar las ventas en un 1% o 2%, tómalo como algo muy importante y como algo que no hubiera sido posible sin su ayuda.

No seas el problema. Tu objetivo es la completa remoción de negatividad del lugar de trabajo, de modo que deberías evitar convertirte en su fuente. Intenta no quejarte de las cosas malas que hayan pasado que estuvieran fuera de tu control, y deberías siempre evitar participar del drama de la oficina.

Si piensas que tu lugar de trabajo se está volviendo tóxico, y está empezando a afectar el rendimiento de tu equipo, entonces necesitas volverte la fuente de la positividad. Si tu equipo nota que no estás siendo afectado por toda la negatividad a tu alrededor, eso calmará sus mentes y les permitirá trabajar sin ningún estrés en absoluto.

Capítulo 5 – Aprende a Ser Confiable

Tu equipo debería sentirse cómodo cada vez que acuden a ti con preguntas u otras preocupaciones. Necesitas demostrar integridad de modo que tu equipo respete y valore tu liderazgo, y para lograr eso, debes ser honesto y animar a tu equipo a hacer lo mismo.

Si no sabes cómo inspirar confianza en tu equipo, estos son algunos consejos que podrían ser de utilidad:

Demuestra que te apasiona tu trabajo – Si demuestra pasión por lo que haces, tu equipo te responderá. Ellos deberían ver que en realidad te agrada tu trabajo y que te preocupas por el bienestar de la compañía y el de los otros empleados. Una de las mejores maneras en que puedes demostrar tu pasión es usar la utilería que tu compañía ofrece, y ser muy activo en las actividades de redes sociales de la compañía.

Comparte lo que sabes - ¿Confiarías en un líder que tiene poco o ningún conocimiento sobre la industria? Si deseas ser un líder confiable, necesitas mostrarle a tu equipo que posees conocimiento técnico que se extiende más allá de lo que ellos poseen, o al menos deberías saber de lo que estás hablando. Los empleados tienden a respetar a los líderes que en verdad subieron la escalera corporativa en lugar de alguien seleccionado para la posición sin experiencia previa ni conocimiento.

Cumple con tu palabra – Puede que sea tentador para un líder como tú prometer cosas grandiosas a tu equipo a fin de subirles la moral, pero necesitas asegurarte de poder cumplir con tus promesas cuando sea el momento. Es casi imposible volver a obtener la confianza de tu equipo cuando fallas incluso una vez en cumplir con tus promesas.

Confía en tu equipo – Si deseas que tu equipo confíe en ti, deberías confiar en ellos también. Puedes demostrarle tu confianza a tu equipo al no despreciar sus decisiones y abrirte a cualquier sugerencia. Recuerda que tu principal objetivo de volverte un buen líder es ayudar a tu equipo a volverse la mejor versión posible de sí mismos; si tu equipo tiene éxito, sus logros se reflejarán también sobre ti.

Capítulo 6 – Aprende a Ser Más Creativo

Habrá veces en las que deberás pensar de formas no convencionales a fin de hallar soluciones creativas. No todo es blanco o negro, siempre habrá ocasiones en las que encontrarás problemas que no hayas visto antes, y para los cuales no tienes soluciones preparadas. Si eres el tipo de líder que no teme usar métodos no ortodoxos para resolver un problema, entonces no solo sorprenderás a tu equipo, también los inspirarás a pensar creativamente.

Si piensas que no eres el individuo más creativo de la compañía, no necesitas preocuparte ya que puedes entrenarte a ti mismo a pensar de forma no convencional. Estos son algunos consejos que puedes probar a fin de incrementar tu pensamiento creativo:

Colabora con tu equipo –Las sesiones de lluvias de ideas son geniales porque puedes utilizar los cerebros de otras personas para tener ideas nuevas y emocionantes. No seas el tipo de líder que cree que sus ideas son las mejores, ábrete más a los pensamientos de otras personas y podrías aprender algo nuevo.

No fuerces la creación de ideas creativas – La creatividad se presenta naturalmente cuando tu mente está vacía de pensamientos estresantes. Solo relájate y permite que tu mente divague; eventualmente se te ocurrirá una idea que puede funcionar.

No temas volver a empezar —A veces no puedes evitar arrinconarte a ti mismo, y ni siquiera puedes pensar en volver atrás por temor a perder el progreso que has logrado hasta ahora. Sin embargo, las cosas podrían resultar diferentes si volvieras a empezar e hicieras un par de cosas de forma diferente.

Pídele opinión a un tercero – Tal vez la razón por la cual no puedes pensar en una solución válida para tu problema es porque te encuentras demasiado inmerso en él; estás permitiendo que tus propios prejuicios interfieran con tu búsqueda de respuestas. Cuando llegues a eso, deberías pedir consejo a alguien de fuera de tu equipo. A veces, solo se requiere un par de ojos nuevos que vean las cosas desde una perspectiva diferente a fin de encontrar soluciones.

Haz una lista de las peores ideas que se te ocurran —Esto no significa que debas implementar las peores ideas que tengas, el desafío aquí es encontrar todos los puntos válidos en ellas. A pesar de que son las peores ideas que se te ocurrieron, tienen méritos en sí mismas que te hicieron considerarlas en primer lugar. Durante el curso de este ejercicio, podrías toparte con una solución que no hubieras considerado de otro modo.

Los líderes creativos no solo son divertidos, sino que también inspiran a su equipo a pensar de la misma manera, lo cual luego conduce a un sinfín de ideas no convencionales, que son perfectamente válidas. Deshazte de la idea de que solo hay un modo de hacer las cosas; siempre hay modos alternativos que simplemente aún no se te han ocurrido.

Capítulo 7 – Aprende a Dar Valoraciones

Un buen líder siempre debería buscar oportunidades de ofrecer valoraciones a su equipo con respecto a su rendimiento, ya sea bueno o malo. Algo que debes saber sobre esto es que hay una línea muy delgada entre ofrecer devoluciones y "micro-administrar". Las valoraciones constructivas ayudarán a tu equipo a mejorar y les permitirá tomar sus propias decisiones, en tanto que "micro-administrar" es más parecido a tratarlos como herramientas en lugar de personas.

Estos son algunos consejos sobre cómo ofrecer valoraciones que podrían ayudarlos a trabajar mejor:

Hazlo tan pronto como sea necesario –Si necesitas ofrecer una valoración a tu equipo, no esperes hasta la reunión semanal para informarlos acerca de su desempeño. Tu equipo sabrá de inmediato lo que necesitan hacer mejor y no tendrán que intentar adivinar constantemente.

Sé específico –Un simple "buen trabajo" podría parecer suficiente, pero si lo acompañas de una explicación exacta de lo que tu equipo hizo bien, eso será más beneficioso. Esto será útil al dar valoraciones negativas porque tu equipo sabrá lo que está haciendo mal y lo rectificarán tan pronto como puedan.

No seas quisquilloso – No ofrezcas una valoración solamente porque tu equipo no está haciendo las cosas del modo que tú normalmente lo harías, y permite que los errores pequeños e insignificantes pasen desapercibidos.

Relájate antes de ofrecer valoraciones – Hemos mencionado antes que debes ofrecer valoraciones tan pronto como sea necesario, pero no deberías hacerlo cuando tus emociones estén en un punto elevado. Si algo que tu equipo hizo produjo una respuesta emocional negativa dentro de ti, da un paso atrás y relájate antes de decir algo.

Enfócate más en lo positivo – Las valoraciones negativas continuas afectarán a tu equipo de un modo negativo. Si siempre encuentras defectos en todo lo que hacen, ellos pensarán que nada jamás es lo suficientemente bueno para ti y eso hará que estén menos motivados para trabajar, porque creerán que el resultado será el mismo. En lugar de ser quisquilloso, encuentra incluso el detalle más pequeño sobre el desempeño de tu equipo y felicítalos por ello.

Escucha le versión que tu equipo tiene de la historia —Luego de ofrecer una valoración negativa, pregúntale a tu equipo por qué creen que pasó eso. No eches la culpa a nadie de inmediato; escucha su versión de la historia antes de precipitarte a tomar conclusiones.

Pídele a tu equipo quetambién te evalúe a ti — Pedirle a tu equipo que te ofrezca valoraciones a ti conducirá a una relación más abierta. Hacer esto hará que tu equipo sienta que eres solo uno más de ellos, y que no piensas que estás por encima de ellos.

Ofrecer y recibir valoraciones es esencial porque te aseguras de informar a tu equipo acerca de lo que esperas de ellos, y tú a la vez aprendes las cosas en las que ellos pueden contar contigo. Un buen líder es alguien que sabe cómo ofrecer valoraciones y recibirlas de la misma manera.

Capítulo 8 – Aprende a Ser Más Responsable

Al ser un líder, eres el responsable por el éxito o el fracaso de tu equipo. Por esta razón, necesitas aprender a cargar con la responsabilidad cada vez que las cosas no marchen según el plan. No te verás bien en los ojos de tu equipo si evitas la responsabilidad constantemente, y siempre intentas pintar una buena imagen de ti mismo. En lugar de echar culpas, acepta la culpa de todo corazón y encárgate de la búsqueda de soluciones.

Otra manera en que puedes demostrarle a tu equipo que eres responsable es haciendo parte de las tareas del equipo. No puedes esperar que tu equipo trabaje arduo en sus propias tareas cuando tú mismo no estás trabajando arduo.

También deberías esforzarte por mejorar tus propias habilidades lo mejor que puedas. Necesitas aprender continuamente acerca de la industria de modo que puedas hacer mejor tu trabajo. Además, también deberías esforzarte por aprender nuevas habilidades que te ayuden a ti a tu equipo a cumplir con los objetivos.

Capítulo 9 – Aprende a Comprometerte

Un buen líder cumple con todo lo que accedió a realizar. Si tienes la tarea de alcanzar un objetivo particular antes de una fecha límite, necesitas estar dispuesto a trabajar tiempo extra. Cuando tu equipo ve que estás comprometido con tu trabajo, seguirán tu ejemplo. Además, cuando prometes una recompensa a tu equipo luego de alcanzar un objetivo, siempre debes cumplir con tu promesa. No puedes esperar que tu equipo se comprometa si ellos no ven que tú hagas lo mismo.

Uno de los más grandes beneficios de mostrar compromiso es que tu equipo responderá a tus acciones. Si ellos pueden confiar en que tú cumplirás con todo lo que has dicho, sin hacer preguntas, ellos mostrarán el mismo tipo de compromiso hacia ti. Puedes confiar en que tu equipo no se retractará de las cosas que te prometió; es como un círculo sin fin.

Capítulo 10 – Aprende a Adaptarte

Como dijo Charles Darwin, un famoso científico y biólogo inglés, "La especie que sobrevive no es la más fuerte, ni la más inteligente, sino la que mejor logra adaptarse a los cambios." En el mundo de hoy, nada es constante en ninguna industria. Siempre ocurrirán cosas inesperadas de vez en cuando. Tú, como líder, debes ser capaz de adaptarte de modo que puedas reaccionar al cambio cada vez que estas cosas inesperadas se te presenten. Tu equipo apreciará tu habilidad de saber qué hacer cada vez que se presenta un problema, en lugar de sentirte amedrentado y dejar que ellos lidien con el problema por su cuenta.

Aunque la adaptabilidad significa que debes aprender a ajustarte a ti mismo rápidamente tan pronto como surge la necesidad, no es algo que no puedas aprender. Estos son algunos consejos sobre cómo puedes entrenarte a ti mismo ya tu equipo a fin de volverse más adaptables, de un modo profesional:

Permite que todos jueguen bajo las mismas reglas —Sin importar que los miembros de tu equipo sean en su mayoría hombres, mujeres, casados, o solteros, todos, incluso tú, deberían apegarse al mismo conjunto de reglas y tambiénposeer la misma libertad. Por ejemplo, la mayoría de las compañías permiten que los empleados con hijos terminen su turno antes que los demás porque deben recoger a sus hijos de la escuela, pero el problema con este escenario es que se espera que los empleados solteros se queden hasta que el reloj marque las cinco o incluso hasta más tarde porque pueden permitírselo. Esta clase de beneficios no debería relegarse solo para una porción de tu equipo, habrá veces en las que un empleado sin hijos necesite terminar su turno más temprano de lo usual, y no deberías impedir que sean capaces de hacerlo.

Anima a tu equipo a participar de actividades fuera del trabajo —Es importante que animes a tu equipo a mantener un equilibrio saludable entre vida y trabajo. La mayoría de las veces, las personas realizan otras actividades para poder recargar sus energías para el trabajo, y tú como líder deberías animar este tipo de cosas. Si notas que uno de los miembros de tu equipo no la está pasando bien en el trabajo, pregúntale si algo anda mal, y si hay algo que puedas hacer para ayudar.

Dale a tu equipo tiempo para pensar – Sin importar si necesitas una contribución en el momento, deberías al menos permitir que los miembros de tu equipo reúnan sus pensamientos antes de poder contarte sobre ellos. ¿Has notado cómo a veces se te ocurren las mejores ideas en la ducha? Esto es básicamente lo mismo; permites que tu equipo tenga ideas por su cuenta sin presiones de parte de ti.

La adaptabilidad en el lugar de trabajo es uno de los rasgos más importantes que los líderes necesitan tener. Si un problema inesperado te ha tomado desprevenido, y tu cerebro se cierra, no solo estás dando una mala impresión, también estás arriesgando a las personas que trabajan para ti.

Conclusión

¡Gracias de nuevo por descargar este libro! Espero que este libro te haya ayudado a convertirte en la case de líder que siempre has querido ser. Ten en cuenta que tomará tiempo para que todas las lecciones presentadas aquí empiecen a asentarse, pero sigue practicando y eventualmente lo lograrás.

El siguiente paso es tomar lo que has aprendido de este libro y ponerlo en práctica de inmediato. No dudes en empezar a implementar los pasos para volverte un buen líder porque no hay un mejor momento que ahora.

¡Gracias y buena suerte!

Parte 2

Introducción

Cada persona viene al mundo y solo tiene un corto tiempo para dejar su huella en él. Todos vienen y todos se irán en algún momento u otro. El punto es quién será recordado incluso después de que se hayan ido? ¿Quiénes son las personas de las que hablamos a pesar de que vivieron años antes de nuestro tiempo?

Tales personas son los líderes. Vinieron, vivieron y dejaron su huella. Y sus pasos son los que seguimos o aspiramos seguir al menos.

Hemos escuchado o estudiado acerca de muchos de estos líderes a lo largo de nuestras vidas. Es por quiénes fueron y por lo que hicieron. Estos líderes tenían cualidades que los distinguían de las masas. Y así fueron seguidos y lo serán durante mucho tiempo, incluso después de que se hayan ido.

Este libro electrónico trata sobre el liderazgo, los líderes y las personas que aspiran a ser tales líderes. Te contaremos qué es un verdadero líder y cómo puedes convertirte en uno si te esfuerzas por lograrlo. Hemos preparado una lista de algunos líderes cuyas vidas pueden servirte de inspiración y motivarte aún más para convertirte cuando menos en un porcentaje de las personas que estos fueron.

Algunas personas pueden pensar que estas personas simplemente nacieron como líderes y que era su destino convertirse en tal. Pero la verdad es que cada uno hace su propio destino. Estas personas trabajaron duro para convertirse en quienes ahora recordamos. Por lo tanto, si tu también te esfuerzas por lograrlo, no hay razón para que no puedas ser un líder así.

Una vez que hayas terminado con este libro, obtendrás una mejor visión del razonamiento de las mentes de estas personas. Esto te ayudará a perfeccionar tus propias cualidades para convertirte en un buen líder y dejar tu propia huella en este mundo.

Capítulo 1: ¿Qué es el liderazgo?

Al referirnos a algunas personas como líderes, solo obtenemos una idea del tipo de persona que son y el término parece adecuado para ellas. Esta vibra que estas personas emiten es su calidad de liderazgo.

Es posible que no hayas pensado lo que realmente es el liderazgo y lo que hace que estos líderes sean quienes son. Pero este libro electrónico está preparado para ayudarte a cambiar eso. Una vez que comprendas esto, estarás en camino de convertirte también en un líder.

El liderazgo no es solo una cosa, sino las diversas características y comportamientos de una persona que, en conjunto, lo convierten en un buen líder. Hay ciertos personajes en una persona que pueden ser más agresivos al expresarlos que otras personas, por lo que estos se destacan en su personalidad. Mientras que algunas personas son naturalmente así, otras pueden esforzarse para convertirse en ello.

¿Qué hace a un líder?

Primero, comprendamos lo que realmente

es un líder. Cuando pensamos en un líder, hay ciertas características que asociamos con ellos. Cuando una persona tiene estas características, decimos que tiene cualidades de liderazgo.

Un líder es aquel que puede hacer lo siguiente:

☐Inspirar a los demás con su visión.

☐Motivar a las personas a trabajar para cumplir sus metas y su visión.

☐Ayudar a otros a trabajar de una manera que brinde resultados.

☐ Asistir a las personas a trabajar y adaptarse entre sí para ver que el trabajo se realiza de la mejor manera.

Los puntos dados anteriormente son solo una descripción general de cómo tendemos a clasificar a las personas en la categoría de otros.

En cualquier aspecto de la vida necesitamos hacer las cosas de una manera que brinde el mejor resultado final. Los líderes son aquellos que ayudan a guiar y asistir a otros a hacerlo de la manera más gratificante y efectiva posible. Los líderes son personas que tienen una visión clara de lo que quieren y se esfuerzan por lograrlo utilizando los recursos disponibles para ellos. Así es como logran que otros también los sigan porque saben que se logrará con la guía de un líder.

Un líder puede ser alguien que guíe a otros en cualquier cosa. Podría ser en una organización, empresa, club, o cualquier otro grupo de personas. El punto es que una persona obtiene el puesto de liderazgo para que las cosas se controlen y supervisen mejor.

Las habilidades o el estilo de liderazgo pueden variar de persona a persona y no pueden generalizarse. Por eso, creemos que cualquiera puede ser un líder si se esfuerza por lograrlo. Se trata simplemente de perfeccionarte de una manera que sepas que te ayudará a guiar mejor a los demás.

La razón por la cual algunos líderes son tan distinguidos y reconocidos más que otros es porque su liderazgo es más efectivo. Algunos creen que los líderes nacen, mientras que otros creen estos se hacen.

Nosotros creemos que puede ser ambos.

Hay tantos adjetivos diferentes asociados con los líderes, como motivador, inspirador, apasionado, carismático, etc. Hay cosas que todos pueden ser si hacen un esfuerzo consciente para lograrlo.

Pero lo único con lo que un líder tiene que nacer es con ambición. Si a una persona le falta ambición y la voluntad de trabajar duro, nunca logrará nada. Liderar personas quedará fuera de discusión y simplemente terminarás siendo un seguidor. Pero si tienes la ambición, la determinación y el impulso hacia cualquier cosa que desees en la vida, será natural que lleves a otros a ayudarte a lograrlo.

Capítulo 2: Grandes líderes de todo el mundo

Todos reconocen el valor de un gran líder. Son las personas que han hecho una diferencia en nuestro mundo y seguirán haciéndola incluso después de su tiempo.

Los grandes líderes que han hecho la diferencia más significativa en todo el mundo son respetados y siempre serán recordados. Es debido a sus habilidades y esfuerzo que pudieron lograr tantas cosas grandes, incluso cuando muchos estaban convencidos de que no podían.

Entérate de los grandes líderes que han hecho una diferencia en el mundo. La mayoría serán nombres que ya has escuchado. Pero cuanto más profundices en sus historias, más te inspirarán y motivarán. Esto te ayudará a desarrollar tales rasgos en ti mismo como un buen líder también.

A continuación se presentan algunos ejemplos de grandes líderes que han dejado su huella en la historia. También hemos mencionado a otros que están liderando el mundo en el presente para hacer un cambio que les ayudará a dejar su huella en el futuro también.

Abraham Lincoln: Este nombre es probablemente uno de los más famosos que se recita en la historia política estadounidense y también es muy conocido por todo el mundo. Vino de orígenes modestos y llegó a la cima como presidente de los EE. UU. Sus cualidades de liderazgo lo convirtieron en un excelente abogado y lo ayudaron a hacer cambios significativos durante su carrera política, como su posición contra la esclavitud.

Aung San Suu Kyi: Esta mujer ha ganado mucha fama y reconocimiento debido a su lucha por la libertad y la democracia en Birmania. Fuerte en sus creencias y convicciones, luchó por ellas e inspiró a otros a seguir su liderazgo también. Prisionera política famosa, fue puesta bajo arresto domiciliario durante años debido a su revuelta contra la dictadura en Myanmar. Felicitada con el premio nobel de la paz en 1991, es una gran líder que definitivamente merece el honor y muchos otros títulos que se le han presentado.

Benazir Bhutto: Ella es conocida como la dama de hierro de Pakistán y ha sido una de las mujeres más importantes en el escenario político del país como la única mujer primer ministro. Una líder carismática y valiente, inspiró confianza en una sociedad muy ortodoxa y se ganó el respeto en todo el mundo.

Fidel Castro: Fue un gran líder que probablemente desempeñó el papel más importante en la revolución cubana y se convirtió en el presidente y primer ministro también. Su visión dio valor a toda la nación y lo ayudó a lograr el cambio que había previsto. También es ampliamente reconocido por su trabajo contra el racismo.

Franklin D. Roosevelt: Otro presidente inmensamente popular de los estados unidos y que fue un líder sobresaliente. Ayudó al país durante la gran depresión y lo dirigió durante cuatro períodos consecutivos. Su optimismo y liderazgo ayudaron al país a salir de su peor crisis y también hizo un gran esfuerzo para establecer la posición del país en la escena del mundo.

Adolf Hitler: Sin duda, una de las peores personas en términos de humanidad, pero también uno de los más grandes líderes que el mundo haya visto jamás. Su oración y confianza poderosas lo ayudaron a ganar el control total sobre toda una nación y lo llevó a una guerra horrible. Sus habilidades de planificación y estrategia todavía son igualadas por muy pocos.

Dalai Lama: El 14^{avo} Dalai Lama es el líder vivo más antiguo en ocupar el puesto de líder espiritual y político del Tíbet. Ha pasado años tratando de liberar al Tíbet de su dominio chino y predica métodos pacíficos no violentos para su propósito. También ha sido honrado con el premio nobel y tiene el respeto de la mayoría de la población tibetana, así como el del resto del mundo.

Martin Luther King hijo: Este afroamericano ha dejado su huella en la historia estadounidense y mundial debido a su trabajo por los derechos civiles de los negros. Dirigió muchas protestas para luchar contra la segregación racial y su discurso "Tengo un sueño" es probablemente una de las palabras más famosas de todos los tiempos. Otorgado con el premio nobel de la paz, es uno de los íconos de derechos humanos más famosos del mundo.

Swami Vivekananda: Es uno de los más grandes líderes espirituales con un gran número de seguidores en todo el mundo. Su trabajo para difundir el hinduismo es una de las razones principales por las que desarrolló seguidores en países fuera de la India. Su intelecto y sus poderosas palabras hicieron que sus convicciones inspiraran a las masas a las que se dirigió durante su vida.

Subhash Chandra Bose: Es un prominente líder político y revolucionario de la India que luchó por su independencia. Su patriotismo e ideología le encontraron muchos seguidores que lucharon por el país bajo su liderazgo. Se le considera un héroe nacionalista y su poderosa oración conmovió a muchas personas, de modo que sus palabras aún son recordadas.

Napoleón Bonaparte: Otro nombre prominente en la historia mundial, fue un líder revolucionario que dio forma al futuro de Francia. Se sabe que es uno de los mejores comandantes militares que el mundo haya visto y ayudado a sacar a su país de una crisis utilizando sus reformas.

Nelson Mandela: Una de las personas africanas más famosas de todos los tiempos, su nombre siempre será contado entre los grandes líderes. Fue presidente de Sudáfrica y ha sido honrado con muchos títulos como el premio nobel de la paz, el premio de la paz Lenin, el premio internacional de la paz Gandhi, etc. Bajo su liderazgo, los africanos lucharon contra el apartheid y finalmente pusieron fin a sus luchas raciales.

Hay cientos de otras personas que tienen un lugar distintivo en la historia. Incluso encontrarás muchos líderes que están haciendo una huella en el mundo en este momento, por lo que serán recordados durante mucho tiempo en los siguientes años. Ser consciente de tales líderes te ayudará a convertirte en uno de ellos también.

Capítulo 3: ¿Cómo desarrollar tu personalidad?

Nunca es demasiado tarde para trabajar en ti mismo y para desarrollar tu personalidad de una manera mejor. Para convertirse en un líder, primero hay que trabajar en la auto actualización para que también puedan guiar a otros de manera convincente.

Desarrollarte a ti mismo es un proceso que dura toda la vida y que hay que trabajar constantemente. Cuanto más trabajes en ello, cuanto mejor te verás a ti mismo llegar a ser.

Debes darte cuenta de que tu desarrollo personal es responsabilidad tuya y esa es la mejor parte de ello. Puedes ser tan exitoso como tu quieras sin depender de los demás.

El desarrollo personal te ayudará de muchas maneras diferentes y solo afectará tu vida de manera positiva. No tendrás que depender de los demás ni dejar las cosas al azar para hacer una diferencia en tu vida.

Los siguientes pasos te ayudarán con el

desarrollo personal:

Tener confianza. Es muy importante tener confianza acerca de quién eres y lo que quieres de tu vida. Si no estás seguro, esto se interpone y tampoco inspira confianza en los demás. Motívate y anímate constantemente a ver las cosas positivas en ti.

No trates de actuar o imitar a alguien más. Sé tú mismo y expresa exactamente quién eres sin ser influenciado por otros. Cada persona tiene su propia personalidad única y solo necesitas trabajar para mejorarte a ti mismo. Eso no significa que tengas que empezar a actuar como alguien que no eres.

Trabaja en tu lenguaje corporal. La forma en que te comportas o te expresas deja un impacto en las personas que te rodean. Así que cuanto mejor lo hagas, mejor impresión dejarás. Las cosas como sentarse derecho y hacer contacto visual son más importantes de lo que te imaginas.

Date tiempo para ti mismo y piensa en quién eres realmente. La auto reflexión es muy importante y te ayudará a conocerte mejor.

Sé humilde y evita el exceso de confianza a cualquier costo. Esto te ayudará de muchas maneras y siempre deja una buena impresión en los demás. De lo contrario, tendrán una impresión negativa sobre ti y harán un esfuerzo consciente para evitarte.

Dedica más tiempo a mejorar tus fortalezas que a superar tus debilidades. Esto te ayudará a mantenerte por delante mientras tengas tiempo para superar las fallas en tu personalidad de manera lenta pero constante.

Esfuérzate constantemente para lograr más conocimientos. Podrían ser habilidades prácticas o leer más. Pero cuanto más sepas, más adelante estarás. Esto te ayudará en el trabajo y con las personas para que nunca te pierdas cuando surja algún tema nuevo en la conversación.

Está siempre abierto a conocer personas nuevas y a expandir tus contactos. Esto siempre es útil y tendrá un impacto positivo en ti, tanto personal como profesionalmente.

Admira a las personas que han demostrado ser exitosas en sus vidas. Úsalas como ejemplos y aprende cualquier cosa positiva que puedas de ellas. Ellas te inspirarán y te motivarán a hacer una diferencia en tu vida también.

Intenta mejorar tu juicio de las personas. No seas demasiado cauteloso con las personas y tampoco confíes demasiado rápido. Dale a las personas la oportunidad de probarse a sí mismas antes de juzgarlas. Los juicios rápidos a menudo son erróneos.

Se positivo y optimista. Esto te ayudará a enfrentar cualquier situación de la vida sin importar lo difícil que parezca en ese momento. Si solo tienes en cuenta que pasará y que las cosas mejorarán, será mucho más fácil lidiar con ello. Sé positivo acerca de otras personas también y esto se reflejará de vuelta en ti.

Ten una personalidad útil. No solo pienses en ti mismo y en lo que quieres. Cuando reflexionas sobre las necesidades de los demás, también harán lo mismo por ti en algún momento. Y no se trata solo de obtener algo a cambio, sino del bien de hacer algo que valga la pena para los demás.

Sal de tu zona de confort y no tengas miedo de correr riesgos. Aunque esto puede llevar tiempo, es algo en lo que realmente necesitas trabajar. Los grandes líderes no son los que temían hacer lo que se necesitaba hacer. Son personas que están dispuestas a hacer lo que sea necesario para lograr sus metas.

No seas agresivo. Sé compasivo y tranquilo al tratar con otras personas. Esto se puede hacer solo cuando aprendes a ser menos ansioso y agresivo y estás dispuesto a comprender las perspectivas de otros también.

Mientras desarrollas tu propia personalidad, también es importante pensar específicamente en los rasgos que te ayudarán a tener mejores relaciones con los demás. Este libro electrónico tiene que ver con el liderazgo y no puedes guiar a otros cuando no puedes tener una relación con ellos. Aquí es donde las habilidades interpersonales entran en enfoque. Estas son algunas cosas que te ayudarán a comprender cómo conectarte con otras personas y tener una comunicación positiva con ellas. Mejorarlas desempeña un papel importante en el desarrollo de la personalidad.

Los siguientes puntos son aquellos en los que te debes enfocar para mejorar las habilidades interpersonales que son esenciales en un líder:

Primero identifica las áreas en las que careces y cómo han impactado en tu vida. Esto te ayudará a darte cuenta de lo que necesitas para superar tales deficiencias.

Antes de reaccionar ante algo trata de ponerte en su posición. Cuando veas las cosas desde la perspectiva de la otra persona, comprenderás mejor la situación. Esto te ayudará a reaccionar de una mejor manera, en lugar de solo pensar en tu propia perspectiva sin tener en cuenta a la otra persona.

Sé justo y generoso con los demás. Si solo

piensas en ti mismo y en tus necesidades, esto tendrá un impacto negativo en tus relaciones. Esto suele ser el motivo por el que las personas tienden a fallar en algunas relaciones, independientemente de la naturaleza de las mismas. Si alguien está haciendo algo por ti, asegúrate de no estar siempre en el lado receptor, sino también de reciprocidad.

No seas introvertido ni te excluyas a ti mismo o a los demás. Necesitas mantenerte en contacto con las personas para establecer relaciones con ellos.

Intenta mejorar tu escucha y no siempre seas el que está hablando. Si no permites que la otra persona se exprese, a menudo también puede llevar a malentendidos y malos sentimientos.

No te tomes todo muy en serio. Tenga sentido del humor y tome las cosas a la ligera a veces para que los demás no se sientan demasiado presionados. Esto te convertirá en alguien encantador y placentero para trabajar.

Sé claro al comunicarte con los demás. Esto les ayudará a comprenderte mejor y lo que quieres. Tu mensaje será transmitido efectivamente sin que haya ninguna confusión.

Sé ético. Si eres digno de confianza y practicas la integridad, entonces otros también se corresponderán positivamente. Por otro lado, si no eres ético, entonces los demás tampoco tienen ninguna razón para sentirse obligados hacia ti.

Comunícate constantemente y mantente en contacto con ellos para mantener una buena relación y flujo de trabajo.

Trabaja en ser un mejor jugador del equipo. No se trata solo de mandar y criticar a otros. Colabora con ellos y compromete donde sea necesario. Elogia a los miembros de tu equipo lo suficiente como para que estén motivados a trabajar para ti.

Tener todo esto en mente definitivamente te ayudará a convertirte en alguien digno de ser seguido.

Capítulo 4: ¿Cómo ser un mejor líder?

Una vez que trabajes para mejorar en todos los aspectos de la vida, definitivamente te convertirás en un líder al que otros puedan admirar.

Los líderes a menudo se levantan cuando se dan cuenta de que no creen en las convicciones de la otra persona que intenta guiarlos. Es allí cuando hacen un mayor esfuerzo para descubrir lo que quieren de la vida y trabajan para liderar a otros hacia su meta. Esto es a menudo lo que ha motivado a los grandes líderes que conocemos para hacer una diferencia en el mundo.

Un buen líder tiene una visión diferente a los demás. Son confiados y claros en lo que quieren y ven el panorama general. Esto les ayuda a enfocarse en la meta que desean alcanzar y a otros a alinearse con esta meta.

El liderazgo es un papel importante que lo hace una gran responsabilidad para la persona que tiene que asumirlo. Deben darse cuenta de que incluso las acciones más pequeñas hacen una gran diferencia y siempre deben tener esto en cuenta. Si bien es muy fácil criticar a quienes están debajo de ti, un líder necesita alentar e inspirar constantemente a los demás cuando lo están haciendo bien. Esto los motivará a trabajar con más esfuerzo hacia el éxito de esa meta común. No se trata solo de coerción y eso sencillamente te haría un dictador, pero no un gran líder.

Las siguientes son algunas de las cualidades asociadas con un gran líder en las que deberías enfocarte:

- [ ] Un buen oyente
- [ ] Enfocado
- [ ] Carismático
- [ ] Comprometido
- [ ] Valiente
- [ ] Apasionado
- [ ] Responsable
- [ ] Auto disciplinado
- [ ] Visionario
- [ ] Servicial
- [ ] Generoso
- [ ] Competente
- [ ] Positivo

Estos son solo algunos de los adjetivos positivos que hacen que una persona sea un mejor líder. Cuando trabajes en el desarrollo de la personalidad, debes tener esto en cuenta y tratar de mejorar en dichas áreas. Esto hará que tu liderazgo sea mucho más efectivo.

Usa los siguientes consejos para convertirte en un mejor líder:

No dependas de los demás para tu propio éxito y desarrollo. Hazte cargo de ti mismo y no seas pasivo. Las personas te seguirán automáticamente cuando sientan que estás seguro de tus metas.

Toma la iniciativa para lograr lo que quieres y no esperes a seguir a los demás. Entonces serás un seguidor que ayudará a alguien más a cumplir sus sueños mientras los tuyos permanecen inactivos. No juegues a lo seguro y adaptes a los demás. Dirígete hacia lo que quieres.

Descubre cuáles son tus fortalezas y enfócate en ellas. Si eres bueno en algo, puedes trabajar para mejorarlo. Esto te ayudará a ser un mejor líder en ese campo.

Ten una visión clara de lo que quieres y enfócate en hacer cualquier cosa para materializar esa visión en una realidad. Es allí, cuando podrás guiar a otros para que te ayuden a hacer de tu visión su meta también. Tu compromiso con tu visión te hará un gran líder.

Encuentra personas en las que puedas confiar y depender para formar parte de tu grupo. Harán una gran diferencia en hacer que tu visión sea un éxito. Las personas equivocadas pueden ser la razón por la que tengas que enfrentar el fracaso.

Intenta hacer las cosas de manera diferente y mejor. Esto dejará un gran impacto y te distinguirá de los demás.

Trabaja para mejorar tus habilidades y desarrollarlas todo el tiempo para mantenerte en la cima de tu juego. Una vez que empieces a quedarte rezagado, los demás también dudarán de tu liderazgo.

Mientras mantienes altos estándares, sé también un líder positivo y alentador. Si aprecias y animas a los demás, estarán más motivados e inspirados para seguirte. Esto hará que trabajen más duro y estén más atentos a la meta.

Si sientes que hay algo nuevo que te puede ayudar de una manera positiva para lograr lo que deseas, ve hacia ello. No tengas miedo de correr riesgos y entrar en algo nuevo.

No establezcas estándares que no puedan cumplirse y que sean demasiado para otros. Sé estricto y firme pero no duro. La crítica debe ser constructiva y no desmoralizadora. Esto solo irá en contra de ti y de tus metas. Un líder necesita tener un mejor control sobre sus emociones y no dejar que su pasión los haga excesivamente exigentes.

Los líderes deben ser optimistas y creer que pueden superar cualquier obstáculo. Si no estás convencido del resultado final que deseas, definitivamente no establecerás el tono correcto para tu esfuerzo hacia este. Si estás seguro de lo que quieres, entonces nada de lo que se interponga será un problema que no pueda superarse. Sé resistente y persevera para lograr tus metas. Renunciar en cualquier momento no es una opción.

Exprésate y confirma tus convicciones a los demás para que puedan ver claramente lo que te hace digno de ser un líder. Si reconoces y anuncias tus propias victorias, no tienes que esperar a que otros las reconozcan. Esto no sirve como alarde, sino simplemente para tomar crédito por lo que en realidad puedes hacer sin ser inútilmente modesto.

Estudia adecuadamente a los miembros de tu equipo para conocer sus fortalezas y debilidades. No todos son iguales y tendrán diferentes puntos fuertes característicos. Una vez que tengas una idea clara de ellos, puedes ayudarlos a utilizarlos en beneficio de tu propósito. No tiene sentido criticar a alguien por no ser bueno en algo cuando puede hacer otra cosa mejor. Ese es el trabajo a supervisar por el líder.

Mejorar tus habilidades de comunicación es de suma importancia. Cuanto mejor expreses lo que quieres, creas, visualices, etc., mejor lo comprenderán los demás. Si no transmites de manera clara y convincente, tu visión seguirá sin expresarse y, por lo tanto, no se cumplirá. Haz que tus habilidades de comunicación sean impactantes para que transmitan exactamente lo que deseas de una manera concisa e informativa.

No asumas que ser el líder significa que necesitas tomar todo el trabajo sobre tu propia cabeza o poner de otra manera toda la carga de trabajo sobre los demás en tu grupo. Como líder, debes supervisar que el trabajo se realice bien y también participar para hacerlo a tiempo. La delegación es importante para que no te sientas sobrecargado también.

Asumir la responsabilidad de tus acciones. Incluso si el resultado es negativo, no lo evites y asume la responsabilidad final como lo harías si fueran positivos. Ten el coraje de enfrentar lo que se te presente.

Comprueba constantemente el rendimiento. Esto debería comenzar con las autocomprobaciones para asegurarte de que estás haciendo las cosas bien antes de criticar lo que hacen los demás. Solo entonces puedes comprobar el desempeño de los miembros de tu equipo y criticar lo que están haciendo mal.

Sé un ejemplo. Cuanto mejor hagas tu trabajo y te mantengas motivado, tanto mejor te verán los demás. Esto les ayudará a ser determinados y ser más productivos también.

Una vez que hayas trabajado para desarrollarte personalmente y como líder, definitivamente verás el cambio. Este cambio será efectivo en tu vida, en tu capacidad para liderar a otros y en el éxito que tengas en alcanzar tus metas.

Conclusión

Un gran líder está convencido de su propia visión y creencias y tiene las cualidades para guiar a otros hacia ellas también. Este libro electrónico se creó con la intención de ayudarte a convertirte en un líder así.

Con todos los ejemplos de los grandes líderes que han hecho una diferencia en nuestro mundo, debes tener una idea clara de lo que constituye a un líder.

Ya tienes una mejor comprensión de qué es realmente el liderazgo y qué cualidades hacen que un líder se diferencie de los demás. Las personas de las que hemos hablado definitivamente te inspirarán a medida que trabajas para liderar a otros también.

Al utilizar toda la información y orientación para desarrollar tu personalidad, puedes trabajar para convertirte también en un gran líder. Pronto verás una diferencia en ti mismo y en la forma en que las personas te responden también.

Trabaja en ti mismo y utiliza a otros grandes líderes para motivarte a seguir sus pasos también. Habrá muchos otros que te seguirán. Conviértete en el líder que estabas destinado a ser. Tal vez en algunos años, también podrías ser usado como ejemplo de un gran líder.

También nos gustaría expresar nuestro agradecimiento por la descarga de este libro electrónico y esperamos que sea de utilidad para ti. Incluso puedes compartirlo con personas que creas que puedan usarlo también.

www.ingramcontent.com/pod-product-compliance
Lightning Source LLC
Chambersburg PA
CBHW071247020426
42333CB00015B/1666

* 9 7 8 1 9 8 9 8 5 3 5 9 7 *